BEI GRIN MACHT SICH IHR WISSEN BEZAHLT

AF159666

- Wir veröffentlichen Ihre Hausarbeit, Bachelor- und Masterarbeit

- Ihr eigenes eBook und Buch - weltweit in allen wichtigen Shops

- Verdienen Sie an jedem Verkauf

Jetzt bei www.GRIN.com hochladen und kostenlos publizieren

Bibliografische Information der Deutschen Nationalbibliothek:

Die Deutsche Bibliothek verzeichnet diese Publikation in der Deutschen National-
bibliografie; detaillierte bibliografische Daten sind im Internet über http://dnb.d-
nb.de/ abrufbar.

Dieses Werk sowie alle darin enthaltenen einzelnen Beiträge und Abbildungen
sind urheberrechtlich geschützt. Jede Verwertung, die nicht ausdrücklich vom
Urheberrechtsschutz zugelassen ist, bedarf der vorherigen Zustimmung des Verla-
ges. Das gilt insbesondere für Vervielfältigungen, Bearbeitungen, Übersetzungen,
Mikroverfilmungen, Auswertungen durch Datenbanken und für die Einspeicherung
und Verarbeitung in elektronische Systeme. Alle Rechte, auch die des auszugsweisen
Nachdrucks, der fotomechanischen Wiedergabe (einschließlich Mikrokopie) sowie
der Auswertung durch Datenbanken oder ähnliche Einrichtungen, vorbehalten.

Impressum:

Copyright © 2015 GRIN Verlag, Open Publishing GmbH
Druck und Bindung: Books on Demand GmbH, Norderstedt Germany
ISBN: 978-3-668-17423-8

Dieses Buch bei GRIN:

http://www.grin.com/de/e-book/318184/der-einfluss-von-cloud-computing-auf-
anwendungssysteme

Patrick Pagels

Der Einfluss von Cloud Computing auf Anwendungssysteme

GRIN Verlag

GRIN - Your knowledge has value

Der GRIN Verlag publiziert seit 1998 wissenschaftliche Arbeiten von Studenten, Hochschullehrern und anderen Akademikern als eBook und gedrucktes Buch. Die Verlagswebsite www.grin.com ist die ideale Plattform zur Veröffentlichung von Hausarbeiten, Abschlussarbeiten, wissenschaftlichen Aufsätzen, Dissertationen und Fachbüchern.

Besuchen Sie uns im Internet:

http://www.grin.com/

http://www.facebook.com/grincom

http://www.twitter.com/grin_com

AKAD University

Wirtschaftsinformatik

Assignment

Thema:

„Einfluss von Cloud Computing auf Anwendungssysteme"

Studiengang Diplom Wirtschaftsinformatiker (FH)

Von:

Patrick Pagels

INHALTSVERZEICHNIS

1 Einleitung 1

   1.1   Aufgabenstellung...1

   1.2   Zielsetzung 1

   1.3   Aufbau der Arbeit...1

2 Cloud Computing 2

   2.1   Servicemodelle 4

   2.2   Bereitstellungsmodelle 6

3 Beispiel der AMADEE Software UG 7

   3.1   Vorgeschichte / Einleitung 7

   3.2   Neuentwicklung der Software 8

4 Zusammenfassung..10

5 Abbildungsverzeichnis i

6 Literaturverzeichnis ii

1   Einleitung

Cloud Computing ist einer der großen Entwicklungsschritte in der heutigen IT. Um keinen anderen Begriff, neben den Smartphones, ist ein solch großer Hype entstanden. Dabei existiert die Technologie schon seit Jahren, ihre Popularität ist aber erst mit dem Einstieg großer Unternehmen, wie Amazon, Google oder Microsoft gestiegen. Immer mehr Anbieter bieten inzwischen auch einen Cloud Dienst an. Viele Experten gehen davon aus, dass die Technologie die IT in vielen Bereichen stark verändern wird. Doch insbesondere in Deutschland gibt es viele Personen, die aus Sicherheitsgründen die Cloud meiden.

1.1 Aufgabenstellung

Die Aufgabenstellung lautet: „Nach einer inhaltlichen Erläuterung des Begriffs ‚Cloud Computing' unter besonderer Berücksichtigung des SaaS-Modells soll möglichst an einem selbst zu wählenden konkreten Beispiel aufgezeigt werden, welchen Einfluss das Cloud Computing auf Anwendungssysteme ausübt. Dabei sollen auch auf bevorzugte Nutzerkreise, noch vorhandene Hemmnisse und Zukunftsaussichten eingegangen werden.

1.2 Zielsetzung

Im Folgenden sollen die Möglichkeiten und Hemmnisse von Cloud Computing beschrieben werden. Dazu erfolgt im Vorfeld zunächst eine Erläuterung von Cloud Computing. Auf Grund der begrenzten Länge des Assignments wird dabei nicht auf alle Details und Möglichkeit des Cloud Computing eingegangen. Ziel ist es, den Leser einen Einblick über die Technologie, Einsatzmöglichkeiten sowie Zukunftsaussichten zu geben.

1.3 Aufbau der Arbeit

Zu Beginn des Assignments wird der Begriff Cloud Computing sowie Software as a Service (SaaS) erläutert und die wichtigsten Begriffe sowie Technologien näher gebracht. Mit diesem Verständnis wird im Hauptteil ein konkretes Beispiel aus meinem Unternehmen aufgebaut, das die Erfahrungen und Einflüsse von Cloud Computing aufzeigt.

2 Cloud Computing

Unter Cloud Computing bzw. „der Cloud" (dieser Begriff wird in diesem Assignment synonym zu Cloud Computing verwendet) versteht man die Bereitstellung von Anwendungen und/oder IT-Infrastrukturen über das Internet oder ein großes Unternehmensintranet, wobei der Anwender die Ressourcen flexibel nutzen und erweitern kann.

Cloud Software kann im Normalfall schnell und ohne lokale Installation verwendet werden, externe Cloud Ressourcen (Hardware) werden dem Nutzer virtuell zur Verfügung gestellt.

Cloud Computing kann sowohl von Privatpersonen als auch von Unternehmen genutzt werden. Es ist kein Produkt oder eine Technologie, sondern lediglich eine Methode zur Bereitstellung von IT-Diensten im weiteren Sinne.

Im Grunde genommen ist die Cloud auch keine neue Erfindung. Schon eine einfache Internetanwendung wie z.B. ein Reisebuchungsportal ist für sich genommen eine Cloud Anwendung.[1] Der User bekommt die „Anwendung" in seinem Browser dargestellt, alles Weitere geschieht auf den Servern des Anbieters. Dieses Prinzip ist nicht neu, es hat jedoch erst in den letzten Jahren einen regelrechten Hype erlebt. Cloud bedeutet zu Deutsch „Wolke". Der Begriff wurde verwendet, weil der Anwender in der Regel nicht weiß, welche Infrastruktur sich hinter einer Cloud-Anwendung verbirgt.

Cloud Computing ist zu vergleichen mit dem typischen Client-Server Prinzip von Anwendungen in einem Unternehmen. Im Fall der Cloud befindet sich jedoch das Internet zwischen dem Client und dem Server, während in einem Unternehmen meist beide Seiten in einem lokalen Netz organisiert sind.

Der Begriff Cloud Computing ist nicht eindeutig definiert. In zahlreichen Literaturen finden sich Definitionen die sich zwar meist ähneln, jedoch im Detail immer wieder

---

[1] Vgl. Vossen G., Haselmann T., Hoeren T., Cloud Computing für Unternehmen, 1. Auflage, Seite 1

variieren. Häufig verwendet wird die Definition der US-amerikanischen Standardi-
sierungsstelle NIST (National Institute of Standards and Technology):

„Cloud computing is a model for enabling ubiquitous, convenient, on-demand network access to a shared pool of configurable resources (e.g. networks, servers, storage, applications and services) that can be rapidly provisioned and released with
minimal management effort or service provider interaction."[2]

Ins Deutsche übersetzt bedeutet diese Definition, dass es sich bei Cloud Computing
um ein Modell handelt, das es erlaubt bei Bedarf jederzeit und überall bequem über
ein Netz auf einen geteilten Pool von konfigurierbaren Rechnerressourcen (z.B. Net-
ze, Server, Anwendungen) zuzugreifen, die schnell und mit minimalem Aufwand zur
Verfügung gestellt werden können.

Bei einer Cloud muss der Anwender nicht wissen, was auf dem entfernten Rechner
ausgeführt wird, noch wo die Rechner physikalisch stehen. Auch wie im Detail die
Anfrage des Nutzers verarbeitet wird, ist nicht relevant. Ebenfalls sind Installation,
Wartung oder Sicherungen der Daten für den Nutzer nicht von Interesse. All diese
Aufgaben übernimmt der Anbieter der Cloud, ohne das der Nutzer etwas davon
mitbekommt. Cloud Computing steht damit stellvertretend für eine in der Regel
externe Bereitstellung einer IT-Infrastruktur bzw. von Anwendungen über das Internet.

Begonnen hat der Cloud Hype im Jahr 2005 durch das Unternehmen Amazon. Der
Online Händler hatte einige IT Kapazitäten, die in der Regel nur zur Weihnachtszeit
voll ausgelastet waren. In der übrigen Zeit wollte Amazon diese interessierten Personen und Unternehmen zur Verfügung stellen, indem der Kunde für die Nutzung
der Kapazitäten bezahlt und sie ihm dann für einen bestimmten Zeitraum zur Verfügung stehen. Dieses Angebot wird heute als Cloud Storage bezeichnet. [3]

Laut NIST Definition hat Cloud Computing fünf charakteristische Eigenschaften[4]:

---

[2] Vgl. Mell P., Grance T., The NIST Definition of Cloud Computing auf
http://csrc.nist.gov/publications/nistpubs/800-145/SP800-145.pdf (Abrufdatum: 20.02.2015)
[3] Vgl. Spath D., Weiner N., Renner T., Weisbecker A., Neue Geschäftsmodelle für die Cloud entwickeln, 1. Auflage, Seite 35
[4] Vgl. Mell P., Grance T., The NIST Definition of Cloud Computing auf
http://csrc.nist.gov/publications/nistpubs/800-145/SP800-145.pdf (Abrufdatum: 20.02.2015)

- „Measured Services": Die tatsächliche Inanspruchnahme von Cloud-Services und deren Ressourcen wird durch Nutzungskennzahlen protokolliert, sodass eine nutzungsgerechte Abrechnung ermöglicht wird.
- „Rapid Elasticity": Cloud Dienst sind hoch skalierbar. Je nach Bedarf können mehr oder weniger Dienste / Ressourcen genutzt werden.
- „Broad Network Access": Cloud Dienste werden über ein Netzwerk auf Basis etablierter Standards verfügbar und nicht an bestimmte Clients gebunden
- „Resource Pooling": Cloud Dienste nutzen einen gemeinsamen Ressourcen-pool, um die Ressourcen effizient zu verteilen.
- „On-demand Self Service": Die Verteilung der Ressourcen (Speicherplatz, Rechenleistung, Transferrate etc.) erfolgt automatisch ohne manuelle Inter-aktion des Anbieters.

2.1 Servicemodelle

Die angebotenen Cloud Services lassen sich durch das NIST in drei Servicemodelle unterteilen[5]:

- **Infrastructure as a Service (IaaS)**

  Hierbei bietet der Cloud-Anbieter dem Kunden virtuelle Hardware oder Infrastrukturdienste an. Es kann sich dabei um einen ganzen Server han-deln, oder beispielsweise Speicherplatz etc.. Diese Ressourcen können dann vom Kunden in seine bestehende IT-Landschaft integriert werden. Der Cloud-Anbieter sorgt für eine hohe Verfügbarkeit sowie die Wartung der Hardware. Die Hardware kann vom Anwender wie die eigene genutzt werden, es lassen sich z.B. Betriebssysteme, Anwendungen etc. auf ei-nem virtuellen Server installieren. Dabei muss sich der Anwender nicht um die physikalische Infrastruktur kümmern.

- **Platform as a Service (PaaS)**

---

[5] Vgl. Mell P., Grance T., auf http://csrc.nist.gov/publications/nistpubs/800-145/SP800-145.pdf (Ab-rufdatum: 25.02.2015)

Bei dieser Variante bietet der Cloud-Anbieter dem Anwender nicht nur die virtuelle Hardware an, sondern zusätzlich noch die Möglichkeit eigene Programme in der Cloud bereitzustellen. Typische Nutzer solcher Services sind Web-Entwickler. Der Anwender kann innerhalb eines festgelegten Rahmens seine Programme frei gestalten. Oftmals werden in den Rahmenbedingungen die Programmiersprache, Schnittstellen oder verwendbare Bibliotheken festgelegt.

Der Anbieter stellt neben der der Hardware auch die Plattform Software (Betriebssystem etc.) bereit und wartet diese.

- **Software as a Service (SaaS)**

Hier bietet der Cloud-Anbieter eine Software an, die der Anwender direkt einsetzen kann. Die Software wird auf der Infrastruktur des Anbieters betrieben, in der Regel muss auf Anwenderseite keine Installation vorgenommen werden. Der Anwender muss sich nicht um die Infrastruktur oder auch die Wartung bzw. Aktualisierung der Software kümmern. Sollte die Software ein Update erhalten, so steht es dem Anwender automatisch zur Verfügung.

Mögliche Vorteile von SaaS	Mögliche Nachteile von SaaS
Fokussierung auf das Kerngeschäft	Unsicherheiten beim Datenschutz
Hohe Skalierbarkeit	Abhängigkeit vom Anbieter
Variable Kosten (nach Nutzung abgerechnet)	Variable Kosten (Beitragsanpassungen)
Zusätzliche Kostenersparnis durch Einsparungen in der eigenen IT-Infrastruktur	Standardisierung ohne größeres Customizing („Einheitsbrei")
Schnell implementierbar	Verfügbarkeit

Die folgende Grafik fasst die Servicemodelle nochmals zusammen und bietet zu jedem Modell ein konkretes Beispiel eines Unternehmens:

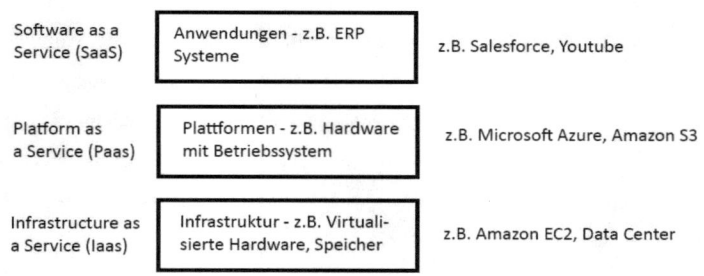

Software as a Service (SaaS)	Anwendungen - z.B. ERP Systeme	z.B. Salesforce, Youtube
Platform as a Service (Paas)	Plattformen - z.B. Hardware mit Betriebssystem	z.B. Microsoft Azure, Amazon S3
Infrastructure as a Service (Iaas)	Infrastruktur - z.B. Virtualisierte Hardware, Speicher	z.B. Amazon EC2, Data Center

Abbildung 1 - Servicemodelle

2.2 Bereitstellungsmodelle

Neben den Servicemodellen lässt sich eine Cloud auch in Bereitstellungsmodelle unterteilen. Auf Grund der nur beschränkten Länge dieses Assignments wird hier lediglich auf die drei wichtigsten Modelle eingegangen[6].

- **Public Cloud**

  Hierbei handelt es sich um das am meisten verbreitetste Modell. Die Public Cloud wird häufig als Synonym für die Cloud im Allgemeinen verwendet. Public Clouds werden von einem Anbieter für die Allgemeinheit bzw. einer große Nutzergruppe bereitgestellt. Eine solche Cloud muss mandatenfähig (bei SaaS z.B. getrennte Datenbestände) sein. Die Infrastruktur befindet sich im Eigentum des Anbieters und wird auch von diesem betrieben und gewartet. Ein wesentliches Merkmal ist, dass der einzelne Kunde keinen Einfluss auf die weiteren Nutzer des Anbieters nehmen kann. Die Infrastruktur wird zwischen den Kunden geteilt, ohne dabei zu wissen in welchem Ausmaß. Typische Beispiele sind die Amazon Webservices oder Dropbox.

- **Private Cloud**

---

[6] Vgl. Höllwarth T., Cloud Migration, 2. Auflage, Seite 64

Eine Private Cloud wird nur einer bestimmten Institution zur Verfügung gestellt, häufig in einem geschlossenen Netzwerk wie dem Firmen-Intranet. Der Kunde kauft in diesem Fall die Infrastruktur zum Betrieb der Cloud und stellt dann die Services den Anwendern zur Verfügung. Dabei hat das nutzende Unternehmen die volle Kontrolle über die Nutzung der Cloud.

- **Hybrid Cloud**

    Die Hybrid Cloud verbindet die Private mit der Public Cloud. Mittels standardisierter Schnittstellen werden die Produkte verschiedener Anbieter miteinander vernetzt.

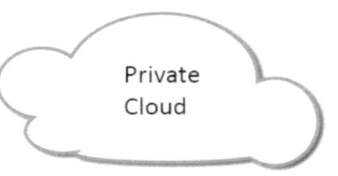

- Cloud wird öffentlich beim Provider gehostet
- Zugriff für mehrere Kunden
- Gemeinsam genutzte Infrastruktur
- Kann günstiger sein als eine Private Cloud

- Cloud wird privat im Unternehmen gehostet
- Nur für einen Kunden eingerichtet
- Keine gemeinsam genutzte Infrastruktur
- Hohes Level an Datensicherheit

Abbildung 2 - Public vs. Private Cloud

3   Beispiel der AMADEE Software UG

3.1 Vorgeschichte / Einleitung

Bei der AMADEE Software UG handelt es sich um ein kleines Softwareunternehmen, das Software zur Verwaltung von Musikschulen entwickelt und vertreibt. Das Unternehmen hat im Jahr 2013 aus einem insolventen Unternehmen einen Teilbereich herausgekauft. Hierbei handelt es sich um die Software zur Verwaltung von Musikschulen ("AMADEE Musikschulverwaltung") samt bestehenden Kundenstamm.

Die bisherige Lösung basiert noch auf stark veralteten MS-DOS Oberflächen, einer veralteten ISAM-Datenbank sowie einer lokal zu installierenden Anwendung. Die

Anwendung selbst ist jedoch Client/Server fähig. Der Software-Kern wurde in den 90er Jahren entwickelt und seitdem nur marginal angepasst.

Zum Verständnis ist im Bereich der Musikschulen zwischen privaten und öffentlich rechtlichen (kommunalen) Musikschulen zu differenzieren. Private Musikschulen müssen sich selbst finanzieren, kommunale Musikschulen werden in der Regel durch Gemeinden und Landkreise bzw. Länder subventioniert da sie sich i.d.R. nicht selbst tragen können.

Dadurch ist das Interesse an neueren, modernen Produkten oftmals geringer als im privaten Sektor.

Die AMADEE Software vertreibt Ihre Lösung derzeit nur für öffentlich-rechtliche Musikschulen, eine Ausweitung auf private Musikschulen ist jedoch in naher Zukunft vorgesehen.

3.2 Neuentwicklung der Software

Um den mit der Zeit langsam einsetzenden Kundenschwund entgegenzuwirken, wurde entschlossen die Software von Grund auf neu zu konzipieren und zu entwickeln.

Die ersten Planungen gingen dabei noch nicht von einer Cloud Anwendung aus, jedoch wurde diese Thema während der Planung immer konkreter. Kundenumfragen sowie Konkurrenzanalysen haben ergeben, dass ein grundsätzliches Interesse an einer Cloud Lösung vorhanden ist und sich auch realisieren ließe.

Ergebnisse der Analysieren und Umfragen waren:

- Private Musikschulen nutzen zum größten Teil bereits Cloud Software, sodass der zukünftige Markt dies fast als eine „Anforderung" voraussetzt
- Zugriff auf die Daten ohne größeren Aufwand auch in den Außenstellen erwünscht
- Zugriff der Lehrkräfte auf Stundenpläne, Anwesenheitslisten etc. erwünscht
- Kostenersparnisse sind bei von Kommunen getragenen Musikschulen immer ein sehr positiver Aspekt

Neben diesen positiven Rückmeldungen gab es jedoch auch zahlreiche Kunden die große Skepsis hatten und somit eine Cloud Lösung strikt ablehnten. In vielen Kommunen gibt es strenge Reglementierungen, die die Nutzung einer Cloud Software komplett untersagen. Größte Hemmnis ist hier der Datenschutz.

Gründe für eine Cloud-Anwendung:

- Kostenersparnis durch ggf. nicht mehr benötigte Hardware (Server)
- Bessere Ressourcenauslastung
- Hohe Flexibilität
- Externer Zugriff zu jeder Zeit an jedem Ort (Internetzugriff vorausgesetzt)
- Hohe Agilität (kein Management von Wartung, Updates etc. auf Kundenseite)
- Verschiebung von Risiken (Anbieter trägt Verantwortung für Datensicherheit)

Gründe gegen eine Cloud-Anwendung:

- Sicherheit und Datenschutz. Die Anwender und deren IT kann nicht selbst sicherstellen ob die Daten vor externen Zugriffen geschützt werden, ob Daten weitergegeben werden etc. Dies ist der mit Abstand größte Kritikpunkt an einer Cloud
- Kein Internetzugriff -> keine Softwarenutzung
- Hohe Abhängigkeit vom Anbieter (Insolvenz, etc.)
- Kein beliebiger physischer Zugang zu den Daten

Auf Grund der leicht überwiegenden positiven Aspekte einer Cloud wurde beschlossen, dass die Software zwar als Cloud-Anwendung entwickelt wird, jedoch sowohl als Public als auch als Private Cloud betrieben werden kann. Auf Wunsch kann die Anwendung lokal bei dem jeweiligen Kunden im Rechenzentrum installiert werden, eine Public Cloud Nutzung soll jedoch forciert werden. Der Vorteil auf Seiten des Anbieters bei der Public Cloud:

- Ständiger Zugriff auf die Daten bei Problemen

- Immer aktuelle Version der Software
- Bekannte Hardware / Infrastruktur, sodass Probleme hiermit einfach zu lokalisieren sind
- Zusatzeinnahmen durch eine Nutzungsgebühr für die Public Cloud

Auf Anwenderseite wurde die Software sehr positiv angenommen. Mit der Zeit kamen von vielen Musikschulen Anfragen, die Software von der Private Cloud in die Public Cloud Variante umzustellen.

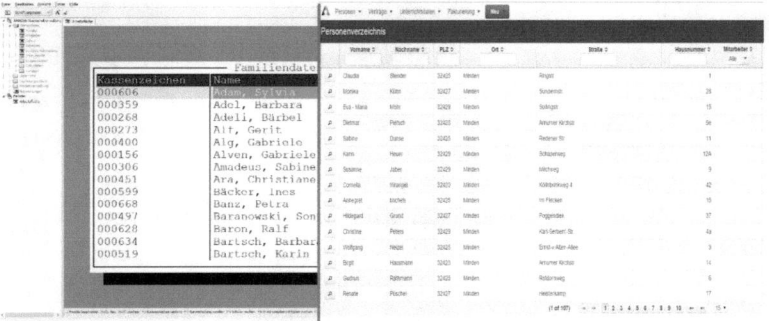

Abbildung 3 - Sichtbare Unterschiede im User Interface (rechts die Cloud Anwendung)

4 Zusammenfassung

Cloud Computing ist das Thema in der IT der Neuzeit. Zahlreiche Softwarehersteller bieten inzwischen auch eine (Public) Cloud Variante ihrer Software an. Auch die von der AMADEE Software intern genutzte Software zur Kunden- und Lieferantenverwaltung liegt inzwischen in einer Cloud Version vor. Den größten Anteil im Cloud Computing wird auch in Zukunft der Bereich SaaS ausmachen.

Die zahlreichen Vorteile einer Cloud überwiegen gegenüber den Nachteilen. Lediglich der „unsichere" Datenschutz sowie die Datenweitergabe stellen größere Probleme dar. Sollte diese Skepsis den Kunden genommen werden können, wird sich sicherlich auch in Deutschland die Cloud immer mehr durchsetzen. Dies hat sich auch bei der Neuentwicklung der AMADEE Musikschulverwaltung schnell gezeigt. Als die User die Vorteile der Public Cloud erkannten, wuchs das Vertrauen und somit sank die Skepsis gegenüber dem „Speichern von Daten im Internet".

Zahlreiche Anbieter von Hard- und Software müssen derzeit ihr Geschäftsmodell überdenken, da sich Software nicht mehr wie gewohnt per Lizenz verkaufen lässt, sondern flexibel nach Nutzung. Großer Vorteil ist, dass sich die Kunden somit auf ihre Kernkompetenzen konzentrieren können, ohne sich um Pflege, Wartung, Sicherheit etc. der IT selbst zu kümmern.

Der Branchenverband BITCOM rechnet derzeit mit einem durchschnittlichen, jährlichen Umsatzwachstum von fast 50 Prozent im Bereich Cloud Computing.[7]

Wenn es den Anbietern gelingt, das Vertrauen der noch zögernden Nutzer zu gewinnen, so hat die Cloud auch in meinen Augen eine große Zukunft.

Kaum eine Anwendung kann derzeit nicht auch als Cloud Variante erworben werden. Große ERP-Hersteller wie SAP bieten inzwischen ebenfalls eine Cloud Anwendung an.

Auch ich war bis vor ca. zwei Jahren noch sehr skeptisch gegenüber Angeboten wie z.B. Dropbox. Durch das AKAD Studium und diverser Module die eine Gruppenarbeit erforderten, habe ich dann schnell die Vorteile der Nutzung on Dropbox erkannt.

Wo früher noch umständlich mit einer Email Daten geteilt wurden, konnte mit Dropbox jeder immer auf die aktuellen Daten zugreifen, egal wo.

---

[7] Vgl. http://www.bitkom.org/de/presse/81149_80724.aspx (Abrufdatum: 24.02.2015)

5 Abbildungsverzeichnis

Abbildung 1 – Servicemodelle   Seite 6

Abbildung 2 – Public vs. Private Cloud   Seite 7

Abbildung 3 – Sichtbare Unterschiede im User Interface (rechts die

Cloud Anwendung)   Seite 10

6   Literaturverzeichnis

Spath D., Weiner N., Renner T., Weisbecker A.	Neue Geschäftsmodelle für die Cloud entwickeln – 1. Auflage, Stuttgart 2012
Köhler-Schule C.	Software as a Service: Strategien, Konzepte, Lösungen und juristische Rahmenbedingungen – 1. Auflage, Berlin 2009
Vossen G. Haselmann T. Hoeren T.	Cloud Computing für Unternehmen – 1. Auflage, Heidelberg 2012
Höllwarth, Dr. T.	Cloud Migration – 2. Auflage, Heidelberg 2012

Internet-Quellen

NIST, National Institute of Standards and Technology

http://csrc.nist.gov/publications/nistpubs/800-145/SP800-145.pdf, abgerufen am 20.02.2015

BITKOM, Bundesverband Informationswirtschaft, Telekommunikation und neue Medien e.V.

http://www.bitkom.org/files/documents/BITKOM-Leitfaden-CloudComputing_Web.pdf, abgerufen am 20.02.2015

http://www.bitkom.org/de/presse/81149_80724.aspx, abgerufen am: 24.02.2015

BEI GRIN MACHT SICH IHR WISSEN BEZAHLT

- Wir veröffentlichen Ihre Hausarbeit,
  Bachelor- und Masterarbeit

- Ihr eigenes eBook und Buch -
  weltweit in allen wichtigen Shops

- Verdienen Sie an jedem Verkauf

Jetzt bei www.GRIN.com hochladen
und kostenlos publizieren